* 9 7 8 9 9 4 8 7 6 0 3 5 1 *

خفيفاً كفكرةٍ

شعر

عبدالله حمادة

خفيفاً كفكرةٍ

شعر

إصدارات دائرة الثقافة، حكومة الشارقة 2024 م

الناشر: دائرة الثقافة ـ حكومة الشارقة ـ الإمارات العربية المتحدة

الهاتف: 5123333 6 971+

البرَّاق: 5123303 6 971+

الموقع الإليكتروني: www.sdc.gov.ae

البريد الإليكتروني: sdc@sdc.gov.ae

التصميم والإخراج: منال السويدي

811.9565

ح ع. خ   حمادة، عبدالله
خفيفاً كفكرة / عبدالله حمادة .ـ الشارقة، الإمارات العربية المتحدة : دائرة الثقافة، 2024.
93 ص. ؛ 21X14 سم.
1. الشعر العربي ـ سوريا ـ دواوين وقصائد
أ. العنوان

ISBN: 978-9948-760-351

الإهداء

لطفلٍ لاجئٍ أدركَ قيمةَ القصائد
فجعل منها كرةَ نار لِيُدفئ قدميه!
لضميركَ الملتهِب حين تعلمُ أنه لولاك لكان هذا
الورقُ جذعَ شجرة!

رسـمتكِ فكرةً في بـالِ مقهى

ولـم تحظَـي بحُـلوكِ وارتشـافي

ولـمْ تقفـي علـى بئـر النوايـ

لتقتربـي إلـى حـدّ اكتشـافي

ولا سـببٌ إلـيّ؛ لأن مثلـي

يشـقُّ علـى أمانيـكِ الخفـافِ

أجَلْ في الشّـعر غَمْزاتٌ ولكنْ

تقـول تشـجَّعي وتقـول خافِـي

خفيفةً كفكرةٍ عاتيةً كالوقت

لأنـكِ تمشـينَ مشـيَ الوريـد

تمكّنـتِ مـن ناطحـاتِ دمـي

لأنـي ارتبـاكُ المسـافةِ بينـي

وبينـكِ؛ أنسـى لمـن أنتمـي!

لأنّ النهـايةَ أن تفهمينـي

أعيـذكِ بالحـبّ أن تفهمِي

لأنـكِ مُعظمُ هـذِي الخلايـ

سـآوي بِكلِّـي إلـى مُعظمِـي

تَفوحيـن مـن ذكرياتـي بريقّ

أكـادُ إلـى داخلـي أرتمِـي

وأفرِشُ إيـوانَ صـدري تحايـ

أقـول: صباحاً/ مسـاءً عِمِـي!

رسـمتُكِ حافيَـةً تركضيـن

ولكـنْ إلـى أيـنَ لـمْ أرسُـمِ

جهاتُـكِ مشـرَعةٌ في انغلاقـي

كسـربِ مصابيحَ فـي مَنجـمِ

ووجهُـكِ أسـطورةٌ للحكايـ

يُطـلُّ؛ فأمتـدُّ فـي معجَمـي

تعاليْ إلى خارجِ الوقت نمشِي اسْـ

ـحَبِيني سأنسلُّ مِن مِعصمـي

تعالـي سـأطْفِئُ شـمع الأماسي
وأشــعلُ أصبوحــةً مــن فمي

أريـــدُكِ مُثمِــرةً تملئيــنَ
فَراغِي المَهيبَ ووقتِي الظَّمِي

أريـدُكِ عالمــةً بانكســاري
وكُونِــي كأنـــكِ لَــمْ تَعْلَمِــي!

بقهوةِ أمي أزور الصباحَ

وأرسُم طيفاً من الأغنياتِ على شفتيَّ

وأرسُم مثل الفراشاتِ درباً محطّاتُه الأقحوانُ

وأمناً ثميناً كهدنةِ حربٍ

وأرسُمُ روحاً كروحِ الطيورِ.. ستصحو؛ ومِن فرطِ

لَوزِ المكانِ ستغفو عليَّ

وأطلقُ في الريح كلتا يديَّ

وأصبحُ فيَّ كأنِّي أنا!

أذوقُ الحواسَ بقهوةِ أمي، وبعد انقضائي أعودَ إليَّ

فأنسى الصباحَ

وطيفَ الأغانِي
ودربَ الفراشاتِ
أنسى الأمانَ
وأنسى الطيور وروح الطيورِ
وأذكُر شيئيْنِ:
أنَّكِ أمِّي
وأنَّكِ أمِّي!

جَمَرات: الأواخر من مُلك سليمان

في الجهـة الأخـرى مـن ذاتـي

عُـــكازٌ لمــآربَ أخـرى

فأسِـي وعصـايَ ومِنسـاتي

لأهـشَّ إلـى عمـرِي عُمْـرَ

لـو جفَّـتْ دهشـةُ أبياتـي

لتبيّنـتِ الجـنُّ السِّـرَّ

سلَّمتُ إلـى شـعري لمَّـا

نــادى مـا قلتُ نعمْ أوْ لا

يتّخيّـرُ لابنتِـه الحمّـى

مَـن كـان بعفّتها أولَـى

يُولِي الشُّـعَرَا حزنـاً جَمّـا

فَلَكــمْ أعطـى! ولَكــمْ أوْلَــى!

أتحــسُ رائحـــة البـــنّ

أتنفــسُ صــوتَ الطاحونَـهْ

أَهَــبُ الغابــة شيئاً منِّــي

لأُجـــرِّبَ دَوْر الدّحنونَـــهْ

وأبخّــرُ بعضـاً مـن ذهني

لأحبَّ امْــرأةً مجنونَـهْ

صـاحبتُ رحيلي وهروبِــي

مُــذْ قالـت: عِدْنِــي أنْ تَبقَــى!

سأسيرُ بحـظٍّ مقلــوبِ

ليصيــرَ الناجُـــونَ الغَرْقـــى

قالـــتْ لـي حـوّا وذنوبـي:

أن نهبـطَ يَعنـي أن نَرقَـى!

مــذْ علَّمَنِـي شيخِي الـدّوَرَانْ

أستصعِبُ جــدّاً أن أقفَ

مـن أولِ فكـرةِ «ليـسَ الآنْ»

ولأبعـدِ مــا قاستـهُ «كَفَـى»

يندلـعُ حنينِـي والطوفـانْ

فبِكَـمْ طـلَلًا سـأقول «قِفَـا»؟

أتَخَفَّـــفُ مِـــن طِينِـي حتَّـــى
لـــم يبــقَ بــــه إلا النفخَـــه!
مِــن صِغَـري أُطعِمُــه صَمْت
ليطيـــرَ إذا هبّـــتْ نفخَـــه
لـــولاهُ ويونــــسُ ذو مَتَّـــى
للَبِثـــتُ بــــه حتـــى النَّفخَـــه
مَــن يصنـعُ آلهـــةً عطشَـى
يوشـــكُ أن يبتلـــعَ الغصّـــه
دُنيـــاً تنمُـــو نعْشــاً نعْش
ولقاطِفهـــا أوفَـــر حِصّـــــه
الشَّـــاعرُ يملؤُهـــا عيْش
ويمـــوتُ لتَكتَمـــلَ القصّـــه

خلاص!

من يفلِقُ البحرَ إن ضاقَ الفضَا بِعَصا؟!

أو يرسلُ الريحَ إن طاغٍ أبَى وعَصى؟!

مَـن يُـقـنـعُ السِّـلـمَ أن الحربَ مـاكِرةٌ

فالسِّـلـمُ مـا زالَ يُعطي حـربَنا فُرَصَـا

أَفْـدِيكَ مِـن وطنٍ قُـصَّتْ جوانِحُهُ

لا سـربَ يـحـمِـلهُ إن فارقَ القَقصَـا

يتِـيهُ إن طـارَ فـي أسفاره قُـدُمٌ

ويَـهـتدي إن عـلـى أعـقـابِه نكصَـا

واخـتـارَ إذْ أمَـمٌ تـختارُ مـن قـدَرٍ

مـا ليس يختارُهُ لو أنَّـهُ فـحَـصَـا

ما بينَ صفّينِ مـن جندِ الرّدى نُصبتْ
لــك البنادقُ والمـسرورُ مَـن قنَصَا!

أغـراهمُ الرقصُ.. إذ حـنجلتَ من ألَـمٍ
كُـفيتَ غـانِيَةً إذ خـصـرُها رقَـصَد

فـي قـسمةِ البؤس نالوا حِصةً وأنـ
قد نِـلتُ إذ وزَّعُـوا مِن ذَلِـكُمْ حِصَصَد

كُـرمَى لقـلبِي الذي اسـتـقبلتَه جَـبَلاً
وما ارعويتَ لــه حتى استحالَ حَصَى

كُـن مرةً بـطـلاً يَـمـضي فنـتَبَعُهُ
ولا تـكـن بـطـلاً يَـروي لـنا القِصَصَا!

لـلـهِ فـي الخـلـقِ مـيزانٌ يُـعـادِلُهمْ
يـزيـدُ شـرّهمُ إن خـيـرُهم نـقـصَد

علامــةُ اللـهِ عــند البحــر أُحــجِيَةٌ
والخِـضْـرُ غــايتُها مـهما البلوغُ قَصَد

ونحنُ ـ كالبُلهِ ـ نـنـسى حـمـوتَ سَفرَتِد
ولا نَـعـوذُ عـلـى آثـارِنا قصَصَـ

هـمْ يحرِصونَ على إشعالِ ثورتِهمْ
ونحنُ شعبٌ علـى إخمادِها حرَصَـ

غـربٌ كزنبقـةٍ يطفـو بلا ثقـةٍ
يرمـي بصاعِقـةٍ مَنْ جذرَهُ انتقَصَـ

ألــومُ كفّــاً حسِـبناها مُخلِّصـةً
فمـا شَـفَتْ كمَهـاً أو أبـرأَتْ برَصَـا!

وقانِصـاً أخـذَ البارودَ مـن دمِنـ
دَيْنـاً مُـرَدّاً فكُنّـا القنْـصَ والقنَصَـ

مخاض على الرماد

عـلـى العـنـقاءِ قـد بـخّرتُ لَـيـلِي

فـويـلَـكِ مـن جـنـاحَيْها ووَيْـلِـي

فـمـا رفَّـت عـلـى الأقـدارِ إلّا

أحـالَـتْـها إلـى فِـعلي وقَـوْلي

وكـنتُ مُـسـافِراً عـكسَ اتِّجـاهِي

ولـكـنِّي أطـوفُ الآنَ حَـوْلِي!

وفِـي حَدْسِـي رأيـتُ اليـومَ رؤيَـا:

سـليمانُ الحكيـمُ يجُسُّ خَـيـلِي

فـنـالت مـنـهُ نَـيـلاً لا يُـضَـاهَى

وضجّتُ: «لا مِساسَ».. قُبيلَ نَيْلِي!

كـــأنَّ دُمـــىً تُـــراودُهنَّ رُوحٌ

فَـــيَأبينَ الحـياةَ مَـــعي لِـــهَوْلي!

رأيــتُ المـشهدَ الثانِـي: ستأتِي

لِـــتخلعَ قُـــوَّتي مِـــنّي وحَـوْلي

وتُـــلقِيني إلــى سيلِ الضّــحايا

وكـــنتُ أودُّ أن أخـــتارَ سَـيْلي!

أَخيطُ العُـــروة الوُثـــقى قَميـص

لأسـتُرَ تحــتَها نَـقصي ومَيْـلِي

وأكـــتالُ التُّـــقى مُـــدّاً فمُـــدّ

وأنــتظرُ العزيــزَ لِـملْءِ كَـيْلي

وللعنـــقاءِ حاشِـــيَةٌ وذَيــلُ
أراهـا اليـومَ حاشِيَـتي وذَيْـلِي!
فـــكلُّ رؤىً تَـراني أو أَراهـ
تـقولُ بأنـني بخَّـرتُ لَيْـلِي!

مسافر في الندم

صِنفٌ مِـن اللّاشـيءِ نَـحمِلُهُ مَعَا

مـا تَخْفِـضِينَ يـديكِ حـتى أرفَـعَ

والعكسُ.. إذ لا شـيءَ يبلي خَطوَذ

مُتأرجِـحَـيْنِ تَـواصُـلاً وتمنُّـعَ

لا كـفَّ أقـطَـعُها لِأعـلَنَ توبـتِي

لـو كـانَ لي لمَدَدتُها كـيْ تُـقطَع

لكـنَّه قـلـبٌ ومـا مـن حِـيلَةٍ

كَـيْ أجـلِدَ القـلبَ الأثـيمَ وأخـلَعَا!

فـإذا اعـتـرفتُ فـقدْ ظلمتُ جوارحِي

فدَعِي الرعـيّةَ واستَتِيبِي مَنْ رَعَى

وَلْــتَشهَدي أَنِّــي عَشِــقتُــكِ مَــرّةً
وتَــراجَعِي فــأنـا سَـأشــهَدُ أربَــعَا!

تَـتَكَوَّرينَ عـلـى الهوى كَمَـجَرّةٍ
خـافتْ على أجرامِها أن تُنــزَعَا!

لا لــيلَ يـمكثُ لـيلتين فقَصقِصي
وهْــماً تـجـذّر في يَــدَيكِ وفرَّعَ

من ألفِ مِيلٍ تـركضينَ على هُدىً
كــي تُــفـقِديني بعدُ سِــيـري أذرعَا!

وأنــا ســأرجعُ في الـزمانِ لأتّـقي
قــلـبي وعَــينَكِ والغـرامَ المُوجِــعَ

قصة بلا بطل

جالوتُ جاسَ وعَن طَالوتَ لا تسَلِ

فَكـلُّ موتٍ «بـقتِلِسـتانَ» كُـرِّسَ لِي

عِزريلُ مُـلتَقِماً بُـوقَ الوفاةِ حكَى

حِكايةَ الروحِ إذ تَـمضي على عَـجَلِ

وكَـوَّرَ الفِـتنةَ الكـبرى ودَحرَجَـه

في ملعبِ المـوتِ بين الذِّئـبِ والحَمَلِ

وكُـلّما أسفَرَ الحِـزبانِ عـن أمَـلٍ

تـرى غُـراباً يُـواري سـوءةَ الأمَـلِ

فـي خُطّـةِ اليـوم آجـالٌ مُـبخَّـرَةٌ

فاهرُب من الريحِ كي تنجو من الأجَلِ

واشـدُد قميصَك .. لا يـنـقـدّ مـن دُبُرِ

ألـفا زُلَيخَـةَ دونَ الـبـابِ لـمْ تَـزلِ

في خُطّـةِ اليـومِ أسبـابٌ مُعَـطّلةٌ

فـ«اركُض بِـرجـلِكَ» لا تـأتي بـمُغتَسَلِ

يَـفـوتُكَ الآنَ مـا طَوَّقـتَهُ حِـيَلًا

وتَـأسـرُ الغـولَ والعَـنـقا بِلا حِـيَلِ

فـوضى تُـحيلُ أكُـفَّ النـاسِ أسـلحةً

وتَـنصبُ الأمـنَ أهدافاً عـلى المُـقَلِ

هـيَ القيامةُ في أدهى مشـاهِدِه

لـمْ تُـبقِ للطـفـلِ وجهاً ما وللرجلِ

أُعـيـذُ أرواحَ مَــن مـاتوا عـلـى وَجَلٍ

أن يُـبـعَثُوا يـومها في زمـرةِ الوَجَلِ

هـذي الحِـكـايةُ لا تـبـدو بـخـاتمةٍ

فيها الحـقـيقةُ تَستعلي عـلى الدجَلِ

ولا البـطـولـةُ جزءٌ مـن مـشـاهِده

وربـمـا هـكـذا تبـقـى بـلا بـطَلِ

ذكاء اصطناعي

عــنيدٌ قــلــبُها مــثلي وقــاسِ

فــلا نَشكو الغــرامَ ولا نُــقاسي

نُــحــاكي عــاشِــقَين إذا الــتقينذ

مُــحــاكاةَ الحــواسِبِ للحــوَاسِ

ونأبَى أن نبــوحَ وقــد عَــلِــمْنذ

بــأنَّ البــوحَ مَجــلَبَةُ المــآسي

فــنُبقي الشــوقَ فينا نصفَ عارٍ

مُــراوغَــةً لِــيبدوَ نصفَ كاسِ

ونصْطَنِعُ الخِلافَ بمَظهَرَيْذ

وفي دمِــنا المَقاسُ على المَقاسِ

وعـنـدي مـثلها ألـفَـا قِــناعٍ
ومـثلي عِـندها ألـفَـا لـباسِ
وقـد نـبدو بـعَـزمَـيْنا صخور
ولكنَّا عـلى وشَـكِ انـبجاسِ
نُـراقـبُ.. أيـنـا يَـنـهارُ قَـلْبِ
ويَـبـدو أنَّ قَـلبَـيْنا رَوَاسِ!

في عينيكِ أختَبئُ

أغيبُ عَنكِ لعلَّ الشوقَ يَنطفئُ

فـلـستُ أسكُـبُـهُ إلا ويمـتَلِئُ

مـن بعدِ أن سـرتُ عن عينيكِ مُبتعد

أرانـيَ اليـومَ في عينيكِ أخـتَبئُ!

ما فـزتُ منكِ بغيرِ الضيـقِ في نفسَي

يا مَـن تحومُ عـلى صَـدري وتَتَّكِئُ

أغـيـبُ عنكِ بـلا جَدوى فأنتِ أنا

لـو ينتهي فـيَّ شَـوقٌ فِيكِ يبتـدِئُ

فلتُشعلي شـوقَنا ما دُمتِ حـاضرةً

لكنْ إذا غِبتِ قُولي كَيف ينطَفِئُ

كواليس

أحتــاجُ قلبينِ كـيْ أهوى ولا أهوى

ولا أرانِـي عـلى نبـضَيهما أقـوى!

أحتـاجُ ضِدّيْن في ذاتِ الكـيانِ مع

غـيماً أثـيماً ومِلحاً يشبهُ الحلـوى!

أحـتـاجُ ذنـباً بريــئاً كـيْ يُذكِّرَني

نوعاً من الخيرِ أو صنفاً مِـن التقوى

أحـتـاجُ جِـبـراً مُصاباً بالتفاؤل كيْ

يُصيبَ كفِّـيَ والأقـلامَ بالعـدوى

أحتـاجُ حُزناً يُجاري في دمـي فرَد

أحـارُ بينـهما: مَـن منـهما أقـوى

أحــتــاجُ كـلَّ صدىً يحتـاجهُ صَخَبٌ

ليرفـعَ الرايــةَ البيضـاءَ للنجــوى

أحــتــاجُ نظّــارةً سـوداءَ نـاصِـعـةً

تُعيدُ تعريفَ مفهومِي عن «الأحوى»

أحــتــاجُ نهـراً مـن الأفكارِ في لغتي

يِجتازُ مـا بين حِبري والرؤى عَدوَ

وربـمـا غـارةً سِـلـميَّةً ودُمـىً

عنيفَةً تسـتجمُّ الآنَ فـي البلــوى

عندي رُهابٌ من الأمن الذي زَعَمو

لــذا سأحتــاجُ أن أستعذِبَ الغـزوَ

وأُقنِعَ البحــرَ مهـما ثـــارَ ثــائِــرُهُ

موســى سيتْرُكهُ مـــن بعدهِ «رَهوَا»

كذلكَ الأمرُ حين الوحيُ يصعدُ بي

زيفـاً فأهـــبطُ لا أرضـاً ولا جـــوَّ

قبــل القصيدةِ كبـحُ المفرداتِ سُدىً

وبعدها كـلُّ مـا يُجدي بلا جدوى

قصيدتي الأجمل هي التي سأكتبها غداً

هــا قــد دخلتِ بملءِ عقـلكِ دَيـري

وحَسبتِ شــرِّي إذْ بـدَا لكِ خَيـري

كفراشـةٍ تَأوي إلـى نـورٍ ومـــ

تـدري بـأنَّ النـورَ مـوتٌ فَـورِي!

ولعبتِ دوركِ فـي الهروبِ كفِكرةٍ

وكـصائدِ الأفـكـارِ ألعـبُ دَورِي

فخـسرتِ حـين نـسيتِ أنِّي شاعرٌ

ويحـقُّ لـي مــا لا يحـقُّ لغيرِي

مرّي صدفةً أمام بيتي!

تُخفينَ عن ناظري ما اللهُ مُبـديـهِ

وللخفـــيِّ عـلامــاتٌ تُـجـلِّـيـهِ

أصابكِ الحبُّ لكنْ لستِ مُوقِنةً

إنْ أنتِ حاولتِ رمياً أن تُصيـبيهِ!

وسرتِ نـحوَ بنـاتِ الحَيِّ صامتةً

لمْ تُـبقِ عيـناكِ شيئاً كـيْ تقوليهِ

وحِينمـا انـزاحَ طيفي صحتِ قـائلةً

«فَذَلِـكُنَّ الـذي لُـمـتُنَّـنِـي فيـهِ»

ناجٍ من الحداثة

عـنـد انـبـلاج الصبح ثـمّـة حادثُ

لا تـلـتـفِـت إن الـوراءَ كـوارثُ

ضِـدَّانِ واتـفـقا عـلـيكَ وربّـمـا

ذاك الـذي أغـراكَ ضدٌّ ثالـثُ

وحـيٌّ هـيَ الأحداسُ رغم فُجورِه

فاتـبـع رؤاك فـخـلـفَهنَّ بواعثُ

الآنَ مـا مـن صُـدفـةٍ مدروسةٍ

والكـلُّ في خطِّ النهايةِ لاهِثُ

والـمـوتُ مـا حابـى نـبـيّاً قبلهم

فـمورِّثُ هـذي الحـياةَ ووارثُ

ولـدَى الحداثـةِ صفْـحةٌ مَـطـويَّةٌ
قــد فــرَّ مـنـها زينـبانِ وحـارثُ
لا قـفلَ للأقدارِ فابـحـثْ جـيــد
عـن قـفلٍ بـابٍ لا يـراهُ الـبـاحثُ
كـمْ كـنتَ محظوظاً فـلم تكُ حادثٌ
فيها ولـمْ تُـجـهِز عـلـيك حـوادثُ
ونَـجوْتَ وحـدكَ حـائزاً أعجوبةً
لا «سـامُ» قبلكَ حازها أو «يـافثُ»
والآن تمـضـي كالولـيِّ مُـبـاركٍ
وإذا وَكَــزتَ المـيْـتَ قـام يُـحادِثُ

ما بعد الأخير

بوِسعي الآنَ أن أمـشي لِذا أمـشي

أساوِمُ قسوةَ الأسفلتِ عن خدشِي

أُشيّعُ صاحبَ النعْشِ الأخيرِ فَمَنْ

يُشيّعُ بعد موتِ المُنتهى نَعشي؟!

وكـلُّ حِجارتي هَلكَى سوى مَلِكٍ

رمـاديٌّ لـهُ عفـوٌ مـن (الكـشِّ)

يـعـانقُ صمـتَهُ ما فازَ مـعركةً

ولا شعـبٌ يُتَوِّجُهُ على العـرْشِ

مـشى مُتَحرّياً بعضَ الضياءِ كَمَنْ

تحـرّى إبـرةً فـي كـومَتَي قـشِّ

وبـيـتاً مـثـلَ بـيـتِ العنكبوتِ فـلـمْ

يجـدْ مـأوىً يـلـيقُ بجسـمِهِ الهشِّ

ولا لـوحاً يمـرُّ عـلـيه كـلَّ مَسَد

لِيَتـرُكَ للسُّدى شـيـئاً مـن النقشِ

فأيقَـنَ حـيـنها أنّ الخُـطـى عَبَثٌ

وشـيـئٌ ما يـراوِدُه لـكـيْ يَمشي

كنجمٍ متعَبٍ

 مــا زال يجري يستـحثُّ دماءَهُ

حـــتى غـــدا كـــلُّ الأَمــام وراءَهُ

يجري كساقـــيةٍ كنجـــمٍ متعَبٍ

مــا جـــاءَ شيئاً كـــلُّ شـــيْءٍ جاءَهُ

يهتـــزُّ من ذكرى حبيبتِـــه التي

لـــمْ تَستـــطغ بحضورِها إغـــراءَهُ

كـــلُّ الذيـــنَ تقاطـــرُوا مـــن شعرِهِ

لـــمْ يُـــسعفوهُ حـــينَ أنفـــدَ مـــاءَهُ

هــو نُــوحُ هـذا الحـزنِ كان سفينةً

والصـــاعـــدون إلى الأسـى أبنــاءَهُ

قبلتان!

تَهُزّيـــن الـــوداعَ يهــزُّ قلبِـــي

أكـــاد أجـفُّ لـولا أنّ حُبّـــي

يُغمّضنـي الحنينُ فـكل أنثـى

تمـرّ مـن الـخلال تمـرّ جنبـي

بكيـتُ وكنـتِ تزداديـنَ وَرد

وتهتُ وكنـتِ تحتكريـنَ دربِـي

أيـا وَهَـجَ التجلّـي كلَّ حيـنٍ

وأنـتِ بعيدةٌ كـم كنـتِ قُربـي

أعيدينـي إلـــى شَــبَعي وإلا

فحسْبِـي قِبلتـــانِ يُقِمْـنَ صُلبِـي

إجابات

وِلِدتُ على يديَّ وكنتُ مهدِي

أهدهِدُ باكِيَ الأيامِ وحدِي

ويعجبُني إذا أغلقتُ معنىً

لأنَّ مفاتحَ التأويـل عـندي

ولي من كرمةِ التشكيك نخْبُ

كفيلٌ أن يُعيدَ إلـيَّ رُشدي

وإن شابهتُ في الكلماتِ شخص

تَراني بعدَها قشّرتُ جلدي

شفيفاً أبدعُ الكلماتِ هسـس

وأنفخُ طينهنّ بروحِ جُندي

ويُنـــسيني الحـياذُ مَـدايَ حـــتى

إذا نضِـجتْ أكـون مـعي وضـدّي

تقولُ: سـرحتَ كمْ جاوزتَ حـدّاً؟

وكـمْ قـلباً أَسـرْتَ؟ أقـول: عُـدّي!

وهـل للشـعر في رؤيـاك حدٌّ؟

إذا مـا مـــتُّ حـيّاً ذاكَ حَـدِّي

أخـــافُ وداعـــةَ الأيـام لـــمّ

أراحـتْ راحـتيَّ؛ بـلغتُ جَهدي

فـما أغمـــدتُ خاصـرتيَّ إلا

لأُشـهِرَ عنـها كفِّـي وزَنـدِي

ولا صـافـحتُ فـي التـاريخ نـور

رعـى الأغـنـام إلا كـان جَـدّي!

إذا الصـاري اسـتـبـدَّ ولا شـراعٌ

يقـول: «فـداكمُ صـدري وقَـدّي»

هـزَزْتُ غـرامـهم فسـقطتُ عِشق

ولـمْ أعـلم بـأنّ الحـبّ مُـعدِ!

دعُـوا طبَّ الذيـن شكَوا غرامـ

فـلا شـيءٌ مـع العـشاق يُـجدي

هـي الأشـواق تُـغرقُـنا ضيـاء

ولا حـبُّ بـلا جـزرٍ ومـدِّ

أسـيرُ عـلـى رصـيف الغيم ريش

تـكـاثفَ واللـقاءُ يـريقُ وجدِي

أرتـبُ زفرتِي الحَـرّى جـواب

أقـول: «أحـبُّـها» فـي كـل ردِّ

وتـمـنـحُني أنـايَ إذا الـتـقـيـذ

فـمن هـذا الـذي قبلي وبعدي؟!

تُعـلّـمني (العـواطـفُ) أنّ حـرف

يُفـرّقُ بـيـن تـعـميري وهـدّي

هـنا السّـتُ الجـهاتُ تـسيل تـيه

وترمـي كـلَّ نـازلــةٍ كنَـرْدِ

وقـد يـقضي الصباحُ عـلى يدَيْه

فمِـــن بـــردٍ تُـدحـرجُـنـا لبـــردِ

ونبـقى في مـهـبِّ اللـيل حـتى

نهـــدّمَ نـفـسَـنا لبنـــاءِ ســدّ

بانوراما: جاهليّ في المقدمة

مـاضٍ ويخذُلـك الطريـق مِـرار

فـبـأيّ آلاءِ الأسـى تَتَـمـارى!

مـا كـنتَ فيـهم إذ رَمَـوا أقلامَهم

والعيـنُ حـيـرَى والميـاهُ حيـارَى

والنـاس خلفَك يركُـضون دوائـر

فـعلامَ هُـمْ يتعـرَّقـون بُـخـارَا؟!

وكـأنـهم علِـموا بـأنَّ دليـلَـهم

كَـسُكُوتِـهم إنْ قدّمـوه تَـوارَى

وبـأنـه حـين ارتـوى مـن قوتِهم

أخـذ الفُـتـاتَ ولـفَّهُ سيجَـار

فـبدَوْا سُكارى يـهـرَعون تـمـايُـلًا
مـمّـا رأوه ومـا هـمُ بـسُكـارى!
مـاضٍ وقطّـعتَ الجـذورَ حداثـةً
وبـنـيتَ فـوق الّلا أسـاسِ دِيــارَ
وتـبِـعتَ صـوتاً لـم تكـن أحبالُـهُ
تَقوى عـلـى قـولِ الكـلام جِـهـارَ
ومـررتَ مثل يمـامـةٍ عَمياءَ لَمْ
تَعـجَبْ لـقـومٍ يعـبدونَ النـار
هـذا وإنَّ الكنـزَ مـن فـرطِ الّتو
ءِ البـحـر صـار تـقيـؤاً ودُوارَ

فمتى الوصولُ؟! أظــنُّ بَعـدَ وفاتِنَ

وأظــنُّ خاتــمةَ الطـريـقِ جِدار

ماضٍ كـأنَّك لمْ تزَل حيّاً؛ كـأنَّــ

ـكَ ما اكتشفتَ البئرَ والأسرار

وكـأنَّ بوّاباتِكَ اللاتـي استقَلْــ

ـنَ من الحـراسةِ ما يزلنَ عذارى

وغـفوتَ في (سِينْمَا) الحياةِ وفي النهَـ

يَـةِ أيـقـظـوكَ لتُشـعلَ الأنــوار

مَن مثّلوا؛ مَن شاهدوا؛ مَن صفّقو

هـم ذاتُــهم مَــن وزَّعُــوا الأدوار

يـا زورقـاً مـا زال ينـقلُ نـفطَهم

في الضـفـتيْنِ ولـمْ ينَلْ ديـنارا!

يَسـتَصرِخُ الفُـلكَ التـي سارتْ بنُو

حٍ: جَدّتـي.. هُـمْ يطـلبونَ الثّـارَ

نـهدِي إلـى الجـوديّ مـن (يوتوبيا)

شَـعباً ونضـربُ حولهُ الأسـوار

والخـطوةُ الأولى لنـا أن نفهمَ الـ

أَسـفارَ لا أن نـحمـلَ الأسـفار

مـاضٍ ولـمْ تسـمعْ فِراسَةَ شـاعرٍ

صـاغَ القـوادمَ للدُّنـا أشعـار

وحَسِبْتَهُ كـتـبَ القصيدَ مُباريـ

والشِّعـرُ لـمْ يُخلقْ لـكيْ نَتبارى

هَا أنـتَ تـقرأ مـا يدورُ وما الذي

سيدور تكشفُ عنـهما الأسـتار

العتْـمةُ البِكـرُ التي زوّجتَـه

صـبـحاً خجـولاً لمْ تـلِـد أنوارا!

الأمـسُ أهـدأُ مِـن صباح اليوم أَهـ

ـــدأُ مِـن مسـاءِ غدٍ وأهنأُ دار

مَــن كـنتَ تحسِبهُمْ.. ظـننتَ بأنَّهُمْ

خـانـوا التوقّـعَ إذ غـدَوا أقـدار

(بـلـعـامُ) يـظـهـرُ مـرةً أخـرى بـزيِّ

أزهـــريٍّ يـخـــطفُ الأنـظـــار

و(الأعـور الدولار): «إنـي ربكمْ»

فـأتُوا يهـوداً مـسـلمينَ نـصـارَى

والثـابـتـون عـلـى المـباديِ شأنهُمْ

شـأنُ (ابـنِ يـاسرَ) دوَّروه فـدارَ

عـمَّا قـليلٍ لـن يـظلَّ مِن الحـضـ

رَةِ مـا سـيَـصْلُح أن يـكـونَ مـزار

وسَـيـشتـكي البـارودُ قلـةَ رزقِـه:

«أين الذي سـأعيثُ فيه دمارا؟!»

عـمَّا قـليلٍ لـن نـمـوتَ لأنـنـا

لـن نـمـلـكَ الأرواحَ والأعـمـار

دوران الأرض حول الحب!

كابـتداء الزمَان قـلبي رضيعُ

بـينَ أُمّيـنِ مـن سـرابٍ يَضيعُ

يَقطِـفُ الماضي حين يـزرع حُبّ

مؤلِـمٌ حـينَ نمتَلي ونجـوعُ

كـلَّما عانـقتُ (المدينةَ) شوق

قيلَ لي ـ يا رعـاكَ ـ هذِي (البقيعُ)!

يـا يـتيمَ الهـوى بمـلـجأٍ بـردِ

يَتَبنَّـاكَ عـاصـفٌ وصقـيعُ

عُـدّ خـريفاً إلى الَهـوى أو شتاءً

كـلُّ فـصلٍ عـند العناقِ ربـيعُ

إضاءة

قلّي سطوعاً وكُوني نجمةً وسَطَا
عَلَّي ألمِلِـمُ إدراكِـي الذي سَقَطَ

هـذا لسـانيَ مـربـوطٌ على لُغَتي
أمــا كفاكِ اعـتـرافاً أنّـه ارتَبَطَا؟

يا من تـعُـدّينَ عن قلبي وعن كبدي
من صعقةِ الحبِّ: كمْ طارا؟ وكم هبَطَا؟

قِلّي سطـوعاً فقد أرهقتِ أوردتـي
من كُثر ما انقبضَ التاجيُّ وانـبَسَط

محادثة

رسالةٌ منكِ تُمشِيـنِي عـلـى رِئَتِي

وتـقـرَع النبضَ في أوتـارِ حَنجرتي

فقدتُ وجهي ابتساماً من حـرارتِه

كأنـها الآمِرُ النّاهِي عـلـى شَفَتِي

أفِـرُّ مـنّي إلـى الألـفاظِ أحضُنُه

أقـولُ: يـا ربِّ من لمْساتها نَمَتِ!

عفْويـةٌ لمْ تُصـارِح بالهـوى لـغةً

لكـنّ مثـلـيَ يَـقْرَا مـا وَرَا اللغةِ

هـذي الرسـائلُ والساعاتُ تَشهدُ كَمْ

أهْذِي بهنَّ: رأتْ؟ بل مـا رأت رأتِ!

مِـثـلي تَذوبـيـنَ إذْ أعنـيكِ تَـوريَةً

لا أعـلـمُ الغيـبَ لكـنّي على ثقـةِ

الطريق الصحيح إلى الداخل

بمسافةٍ أخرى تـشـدُّ مسافةً

وخُـطـىً إلى أثرِ الخُطى تشتـاقُ

واصلتُ نحوكِ كمْ أَرِقتُ مَوَاجعاً!

وأنـا الـذي فـي كفّهـنَّ أُرَاقُ

عُذرِيّـةٌ هـذي المسـافـةُ بينـذ

بالكـادِ تُفـصـح أننـا عُـشّـاقُ

هـل تـعـلمين وكـنتِ آخرَ غـيمةٍ

أنّ النـدى أودَى بــه الإرهـاقُ

مُنـذ ابتدأنُكِ والرسـالـةُ قُبـلـةٌ

والصـوتُ رسـمٌ والمنامُ عـناقُ

واللّانـهايـــةُ والضيـاعُ بـغفــلةٍ
حـتى إذا كـــادَ الوصـــول.. أَفـــاقُوا!
أنـــا مَوْصِـلٌ ولقـد أتيتُكِ بـــابِـلًا
لكــنّني فــي الحالتــيْنِ عـــراقُ

الشهداء نزفٌ للأعلى

مائتين! ما هذا البريق الصَّـاعدُ؟

الجوع يـهمي والذهول موائـدُ

مائتين! والأرقـامُ تُشبه بعضَه

لكنّ بعضَ النقصِ نقصٌ زائـدُ

كـانوا خِـفافاً لا كِفاءَ لثِـقلِهمْ

مُتناقصُـون وضـوؤُهم مـتزايدُ

مـا هـزّهُم قلقُ الصـعود وإنـم

أسـلوبُهمْ في البرقِ أن يتراعدُو

لولا ذَرَوا في الريـح من أسمائهمْ

ما قال جَذرُ التُّوت «إنّيَ صامدُ»

ولأنّهمْ سَنُّوا الوفـاةَ قصيدةً

نامتْ على الجنبِ اليمينِ قصائدُ

همْ ظلُّ فلسفةِ الزّنادِ يُعلِّمو

نَكَ: إنْ قَضَيْتَ هنا فإنّـك عـائدُ

هَذي المـآذنُ مِن صدَى أعناقِهمْ

وصـدورُهمْ للمتعَبين مسـاجدُ

نـادَوْا وقـد صفُّوا الحنينَ أَئمةً:

يـا أيـها المُتزاحِمُونَ تَبَاعدُوا!

تسبيحُكُم أنْ تـبـذُرُوا أرواحَنـ

وصَـلاتُكم لله أنْ تَتَـساعدُو

لنْ تَظْمَؤُوا هـذي المُدى آبارُكمْ

لنْ ترجُفُوا هذي الحتوفُ مَواقِدُ

وذَرُوا الوداعَ فلا المسـافرُ فـاقدٌ

مَــن وَدّعُوهُ ولا المودِّعُ فـاقدُ

ولْتَصعدُوا شهداءَ أو شعراءَ فالـ

شُـــهداءُ والشعراءُ شيءٌ واحدُ

ألف باء حب

أحبّكِ حينَ تَغارينَ جدّاً
وتُخفين ذلكْ
أحبكِ حينَ تَقولينَ يَكفي وتَعنينَ أكملْ
أحبكِ حينَ تَشُدِّينَ نهرَ التآويلِ نحوكِ أنتِ
تَقولينَ هذي النصوص تماماً مَقاسي
فذِي: هكذا..
وذِي: هكذا..
أحبكِ مِن بين كلّ اللواتي ظَنَنَّ القصيدةَ حصراً لهنّ

البؤس بوصفهِ نزهةً

أمَا آنَ يا مكحولُ أن نصفعَ الجَفَا؟

وأن نُلقـيَ الأوجـاعَ أو نتخفّفَـا؟

وليس الذي جاعت إلى الغفو عينُه

كمـن حيثُمـا ألقى نواعِسَـه غفَـا

وكـم مـرّ بِي نـاسٌ يَخالونُ أنني

لبِستُ لفرطِ الضَّعفِ طاقيّةَ الخَفَـا

يَقولــون: كـم يأتيـك يُثبـتُ حبّـه!

أقــولُ: ومـا يُجـدي إذا فعلُـه نفَى؟

علـيَّ مـن الأشواقِ مـا لـوْ حَمَلتَـه

على كاهل الشِّعْرى؛ لأعتَمَ واختَفَى

ولي دمعةٌ غِيضت على عهد آدمِ
وحين دعا نوحٌ إلى بعضِها؛ طفَ
وبِي بُؤسُ مَن يبدو له الحزنُ نزهةً
ولِي يأسُ مَن شادوا مِن الفقر مَصْيَفَ
ولـو أننـي أنفـذتُ مَيْلِـيَ نحـوَهُ
قلبْتُ مدارَ الأرض وجهاً إلى قَفَ
تعلّمتُ منه السحرَ فانظُرْ لخُطوَتِي
تدوسُ إلى لُقياهُ جمـراً على حَفَ
سيَعرفُني لو سار في الحيِّ صدفةً
أهيـمُ على وجهِي أقولُ: دفا دفَ

بُكائية

بلّغْتَني البابَ مذ أشرعتُ أجنحتي

يا كامل الوصفِ ذا عبدٌ بلا صِفةِ

لـو كنـتُ أرجـوكَ للأيـام مسألةً

لقلتُ يا ربِّ زِدْ فقري وأسئلتي

يـا أولَ الشــيء لكـن دونَ بادئـةٍ

وآخـرَ الشــيء لكـنْ دون خاتمـةِ

ألقيتَ نـورك زكّيتَ النفوسَ ولَوْ

أبقيتَها في ظلام الطينِ ما زَكَتِ

آوي إليك فمـا لـي في الدُّنَـا جهةٌ

آوي إليها إذا مـا لـمْ تكنْ جهتـي

علِقَت طائرتي الورقية!

يطوف بيَ المعنى ولستُ أحوزُهُ

أهبُّ لعكّازي تهبُّ عجـوزُه

ترانـا مجـازاتُ رهـانَ خسـارةٍ

فلا دهشـةٌ كبـرى هنـا سـتفوزُه

لأنّ كلامـي شاسـعٌ سيجُوزني

لأنّـي أحـبّ اللّاحـدودَ أجـوزُهُ

سـأقفزُ منّـي فاسـتعدوا لهـزّةٍ

يُفضُّ بها الماضي وتُطوى حروزُه

أقـول لحُجّابِ القصيدةِ: شـاعرٌ!

تقولُ: احمِلوا هذا لعلِّي أعوزُه!

أدورُ وهذه الأكوانُ قبْلي

أَردتُ فمـاً ومثلـي مَـن يريـدُ

يُعيـدون الـكلامَ كمـا أعيـدُ

تقـولُ النـاسُ هذي النـاسُ رَمـلٌ

أقــول وهـذه الغَنّـاءُ بِيـدُ

أدورُ وهـذه الأكـوانُ قبْلـي

تـدورُ فمَـا القديـمُ؟ وما الجديـدُ؟

ولسـتُ بحاجـةٍ لأقـول شـيئ

فمَـا قـد قيـل يَكفـي أو يَزيـدُ

إلى قِبلةِ رسائلي الوحيدة: نوري

لا أُسمّي دخولَكِ إلى قَلبي قُدوماً بل اندلاعاً!
لقد اندلعتِ فيَّ كحربٍ ضَروسٍ لا يُرى آخرُها
لكِ منها احتِدامُها وسطوَتُها، ولي منها صعقَتُها
وضِرامُها!
لا أُسمّي حديثَكِ الناعمَ نسيماً، بل نهراً سماوياً عاتِياً،
يصعدُ بي إلى المجهولِ الشَهيّ، حيثُ لا يعرفُ أحدٌ
الطريقَ إلى هُناك، ولا حتى نحن!

لا أُسمّي إعجابي بكِ حُبّاً، بل تشبُّثاً، كما يتشبّثُ التائهُ
في ظلماتِ الكُهوف بآخرِ رمقٍ في جَذوَته، وها أنا

أتشبّث بكِ يا نوري كي لا تنطفئَ الروح!

لا أسمّي كتابَتي لكِ شعراً أو نثراً، بل أسمّيها (أناي)..

فحينَما أضعُ نصّاً ما بينَ يديكِ فأنا أكشفُ لكِ عن

شِيفرَتي الوراثيّة لتقرئي عبدَ الله من الداخل

في كلّ مرّةٍ أكتبُ لكِ فيها أشعرُ بكِ تتمددينَ على

مساحةِ إلهامي كياسمينةٍ دمشقيّةٍ لا تعرفُ سوى الرقّةِ

والفَوَحان، وأشعرُ بكِ كرصاصةِ رحمةٍ أُطلقها على

رأسِ العالم!

عامل مشترك أكبر

المجانين يُدفترون الجدرانَ ومقاعدَ الباص
والشعراء كذلك
المجانين يقفون على خطوة من الضحك والبكاء
والشعراء كذلك
المجانين يحبون أصدقاءهم المرايا والأسطح العاكسة
والشعراء كذلك
المجانين مصابون بالشيزوفرينيا
والشعراء كذلك
المجانين مجانين
والشعراء كذلك

درويش في حفلة تنكرية

هنا والمسافات نملٌ نشيطٌ

مساؤكِ أرجوحةٌ يا جميلة

شاعر عاطفيّ، أحبكْ

تقول الجميلة: ماذا إذا كنتُ غيري!

غيري قليلا!

بوجه من الطين

وشَعرٍ بعيدٍ عن الترايكوفيليا

وشخصيةٍ من ضلوع كثيرة!

أقول لنفسي: وماذا إذا كنت غيري!

«شاعراً لا تشتهي أن تسمعه»

لكفّيه دَينٌ على الحاضرين؛ يردونه دهشةً زائفَهْ
يردونه بسمةً ناشفَهْ
وماذا إذا كنتُ وغداً كبيراً سوى حين أكتب!

يقول صديقي المهرّج: ماذا إذا كنت غيري!
أوجّر وجهيَ للبائسين وأبقى على صلة بالبكاء

يقول السياسي: ماذا إذا كنت غيري!
بأنف طويلٍ أوسّده زحلاً حين أغفو، وألفِ قناع: عند
الترشّح

عند التقشّف

عند الخشوع وراء الإمامْ

وعند القضاء على الفاسدينْ

وعند البكاء على الشهداءْ

وعند اليمين المعظّمْ!

يقول التنكّر:
بحفلِ التنكّر ماذا إذا لم نكن غيرنا!

الفهرس